Impressum
Verlag: BABADADA GmbH, Nedderfeld 112 , 22529 Hamburg
Geschäftsführer / Verlagsleitung: Harald Hof
Druck: Books on Demand GmbH, In de Tarpen 42, 22848 Norderstedt

Imprint
Publisher: BABADADA GmbH, Nedderfeld 112 , 22529 Hamburg, Germany
Managing Director / Publishing direction: Harald Hof
Print: Books on Demand GmbH, In de Tarpen 42, 22848 Norderstedt, Germany

sekolah
School

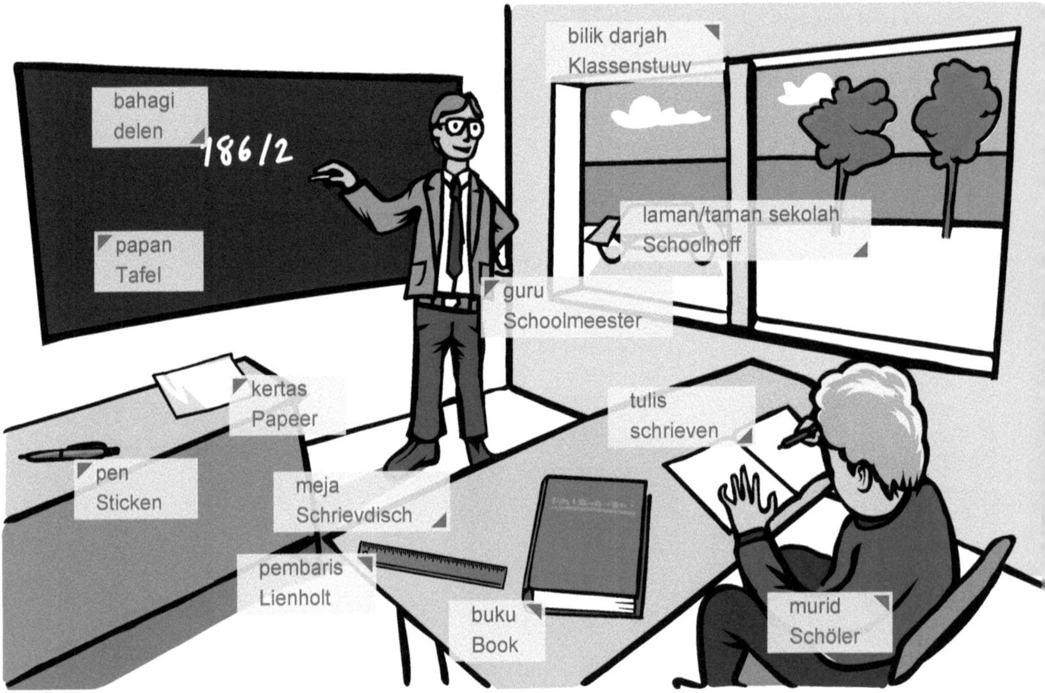
bilik darjah
Klassenstuuv
bahagi
delen
186/2
papan
Tafel
laman/taman sekolah
Schoolhoff
guru
Schoolmeester
kertas
Papeer
tulis
schrieven
pen
Sticken
meja
Schrievdisch
pembaris
Lienholt
buku
Book
murid
Schöler

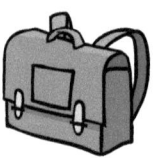

beg galas

Ranzel

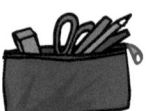

kotak pensel

Feddermapp

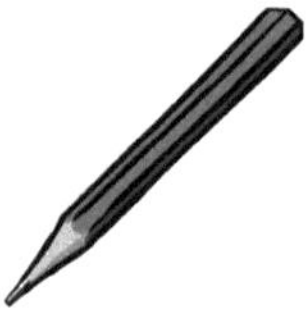

pensel

Bleesticken

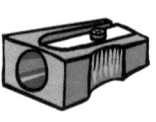

pengasah pensel

Scharpmaker

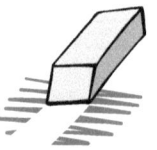

pemadam

Radeergummi

kertas lukisan

Tekenblock

melukis
Teken

berus lukis
Pinsel

kotak warna
Malkassen

gunting
Scheer

gam
Klever

buku latihan
Heft to'n Öven

kerja rumah
Huusopgaav

12

nombor
Tall

2+2

tambah
tohooptellen

5-2

tolak
aftrecken

2×2

darab
malnehmen

kira
reken

A

huruf
Bookstaav

ABCDEFG
HIJKLMN
OPQRSTU
VWXYZ

abjad
ABC

hello

kata
Woort

teks

Text

baca

lesen

kapur

Kried

pelajaran

Stunn

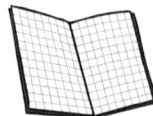

daftar

Klassenbook

peperiksaan

Pröven

sijil

Tüügnis

uniform sekolah

Schooluniform

pendidikan

Utbillen

ensiklopedia

Nakieksel

universiti

Universität

mikroskop

Mikroskop

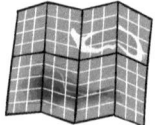

peta

Koort

bakul sampah

Papeerkorf

hotel
Hotel

Grand

asrama
Harbarg

ROOMS

pejabat tukaran mata wang
Wesselstuuv

EXCHANGE

beg pakaian
Kuffer

kereta
Auto

bahasa
Spraak

ya / tidak
jo / ne

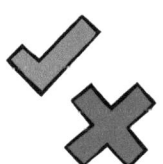

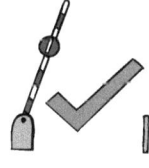

okey
Jo

helo
Moin

penterjemah
Översetter

Terima kasih
Dank ok

berapa banyak...?

Wat kost...?

saya tidak faham

Ik verstah nich

masalah

Problem

Selamat petang!

Goden Avend

Selamat Pagi!

Moin!

Selamat Malam!

Gode Nacht!

selamat tinggal

Tschüüs

arah

Richt

bagasi

Bagaasch

beg

Tasch

beg galas

Rüchsack

tetamu

Gast

bilik tidur

Stuuv

beg tidur

Slaapsack

khemah

Telt

maklumat pelancong

Touristeninformatschoon

pantai

Strand

kad kredit

Kreditkoort

sarapan

Fröhstück

makan tengah hari

Meddageten

makan malam

Avendeten

tiket

Fohrkort

lif

Fohrstohl

setem

Breefmark

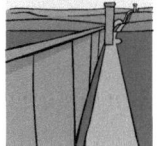

sempadan

Grenz

kastam

Toll

kedutaan

Bottschop

visa

Visum

pasport

Pass

pengangkutan
Transport

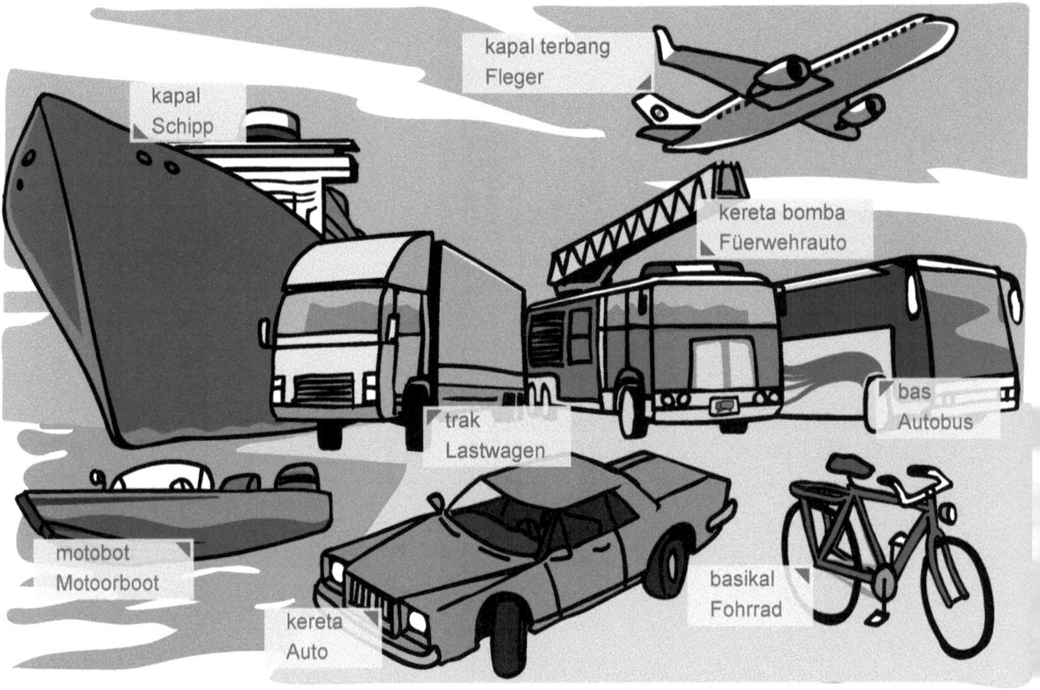
kapal terbang
Fleger
kapal
Schipp
kereta bomba
Füerwehrauto
bas
Autobus
trak
Lastwagen
motobot
Motoorboot
basikal
Fohrrad
kereta
Auto

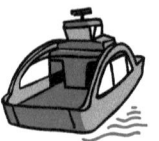

feri

Fähr

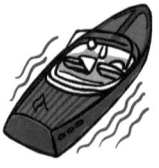

bot

Boot

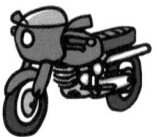

motosikal

Motoorrad

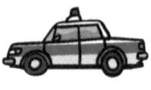

kereta polis

Polizeiauto

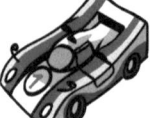

kereta lumba

Rönnauto

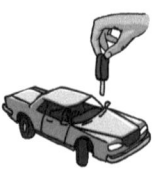

kereta sewa

Lehnwagen

berkongsi kereta

Carsharing

trak tunda

Afsleepwagen

trak menolak

Müllauto

motor

Motoor

bahan api

Kraftstoff

stesen minyak

Tanksteed

tanda trafik

Verkehrsschild

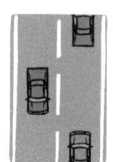

trafik

Verkehr

kesesakan lalu lintas

Stau

tempat parkir

Afstellplatz

stesen kereta api

Bahnhoff

trek

Sporen

kereta api

Tog

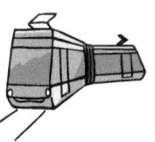

trem

Stratenbahn

gerabak

Wagon

helikopter

Dwarsmöhl

lapangan terbang

Flooghaven

Menara

Tower

penumpang

Fohrgast

bekas

Grootkist

kadbod

Karton

kart

Koor

bakul

Korf

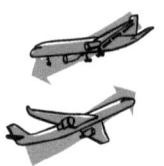

berlepas / mendarat

starten / lannen

bandar

Stadt

kampung

Dörp

pusat bandar

Binnenstadt

rumah

Huus

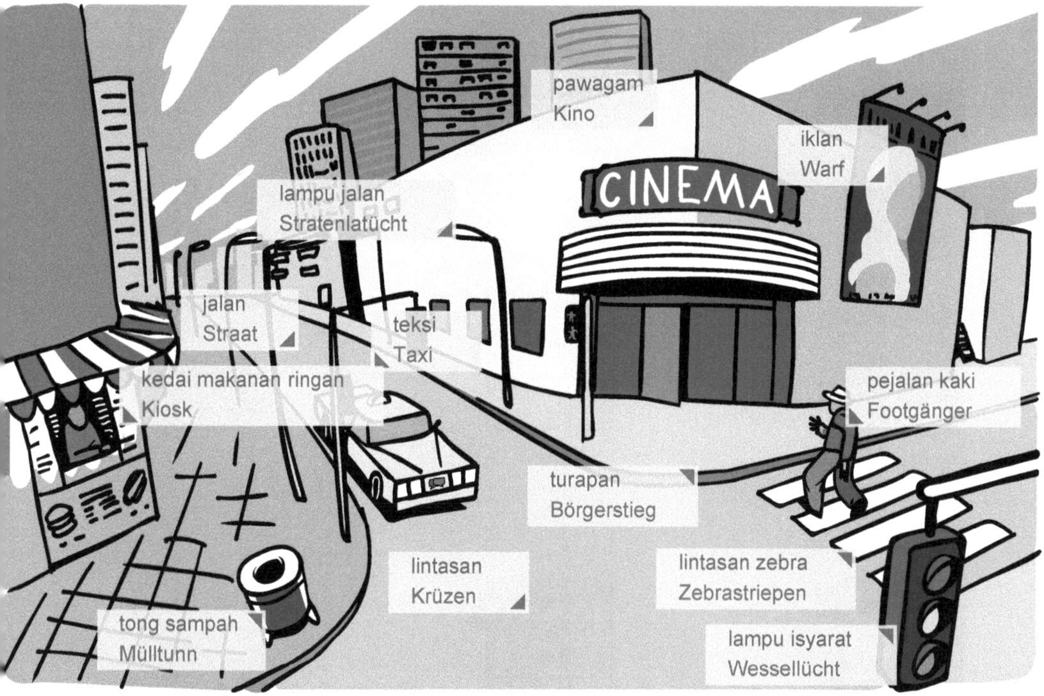

pawagam
Kino

iklan
Warf

lampu jalan
Stratenlatücht

CINEMA

jalan
Straat

teksi
Taxi

kedai makanan ringan
Kiosk

pejalan kaki
Footgänger

turapan
Börgerstieg

lintasan
Krüzen

lintasan zebra
Zebrastriepen

tong sampah
Mülltunn

lampu isyarat
Wessellücht

pondok
....
Hütt

flat
....
Wahnung

stesen kereta api
....
Bahnhoff

dewan bandar
....
Raathuus

muzium
....
Museum

sekolah
....
School

universiti

Universität

bank

Bank

hospital

Krankenhuus

hotel

Hotel

farmasi

Afteek

pejabat

Büro

kedai buku

Bookhökerie

kedai

Hökerie

kedai bunga

Blomenhökerie

pasar raya

Supermarkt

pasaran

Markt

gedung

Koophuus

penjual ikan

Fischhökerie

pusat membeli-belah

Inkoopszentrum

pelabuhan

Haven

taman

Parkanlaag

bangku

Bank

jambatan

Brüch

tangga

Trepp

bawah tanah

Ünnergrundbahn

terowong

Tunnel

hentian bas

Busstoppsteed

bar

Bar

restoran

Spieslokal

peti surat

Breefkassen

papan tanda jalan

Stratenschild

meter parkir

Parkklock

zoo

Deertenpark

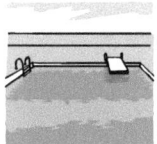

kolam renang

Baadanstalt

masjid

Moschee

ladang

Buernhoff

pencemaran

Ümweltversmudden

tanah perkuburan

Karkhoff

gereja

Kark

taman permainan

Speelplatz

kuil

Tempel

landskap
Landschop

daun
Blatt

tiang tanda
Wiespahl

jalan
Weg

padang rumput
Wisch

batu
Steen

pokok
Boom

pejalan kaki
Wannerer

sungai
Fluss

rumput
Gras

bunga
Bloom

lembah	bukit	tasik
Daal	Barg	See
	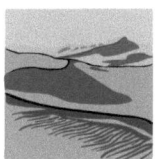	
hutan	padang pasir	gunung berapi
Holt	Wööst	Füerspien Barg

istana	pelangi	cendawan
Slott	Regenbagen	Poggenstohl

pokok kelapa sawit	nyamuk	terbang
Palm	Steekmück	Fleeg

semut	lebah	labah-labah
Miegeemk	Imm	Spinn

kumbang

Sebber

katak

Pogg

tupai

Katteker

landak

Swienegel

arnab

Haas

burung hantu

Uul

burung

Vagel

angsa

Swaan

babi jantan

Wildswien

rusa

Hirsch

moose

Elk

empangan

Staudamm

turbin angin

Windrad

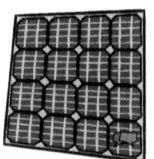

panel solar

Solarmodul

iklim

Klima

restoran
Spieslokal

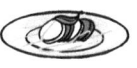

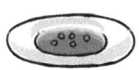

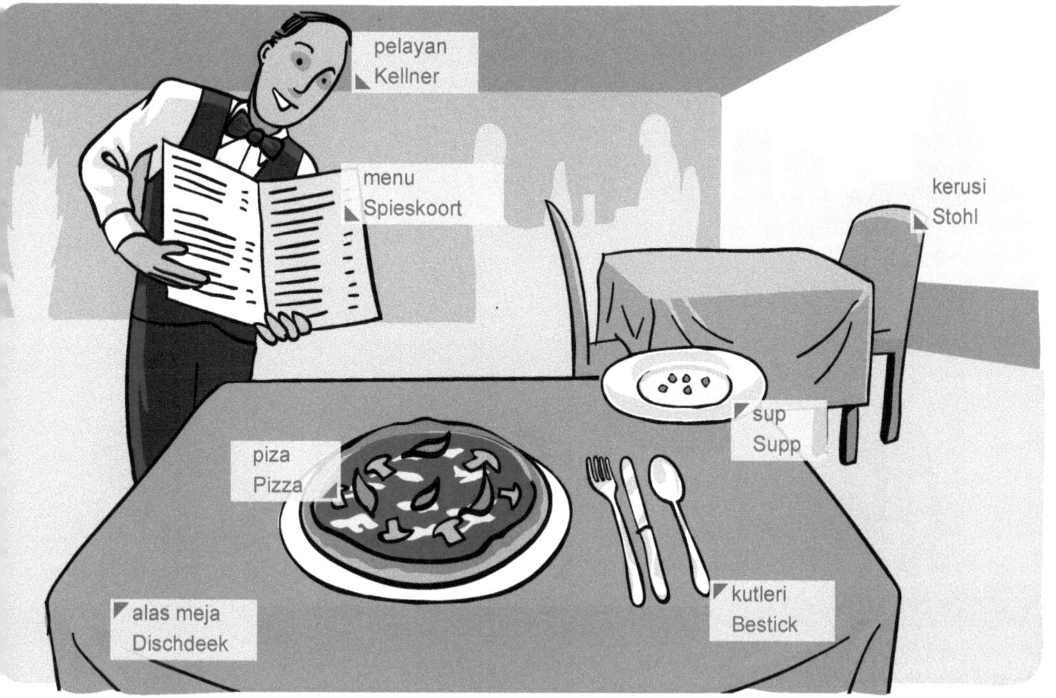
pelayan
Kellner
menu
Spieskoort
kerusi
Stohl
sup
Supp
piza
Pizza
kutleri
Bestick
alas meja
Dischdeek

pemula

Vörspies

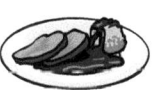

hidangan utama

Haupteten

pencuci mulut

Nadisch

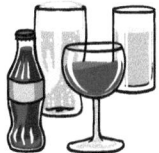

minuman

Drünk

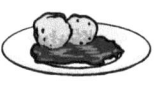

makanan

Eten

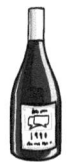

botol

Buddel

makanan segera

Fastfood

makanan jalanan

Strateneten

teko

Teekann

mangkuk gula

Zuckerdoos

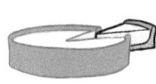

bahagian

Portschoon

mesin espreso

Espressomaschien

kerusi tinggi

Hoochstohl

bil

Reken

dulang

Tablett

pisau

Mess

garfu

Gavel

sudu

Lepel

sudu teh

Teelepel

serviette

Munddook

gelas

Glas

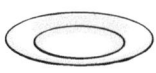

pinggan

Töller

mangkuk sup

Suppentöller

piring

Ünnertass

sos

Sooß

tempat garam

Soltstreuer

pengisar lada

Pepermöhl

cuka

Etig

minyak

Ööl

rempah

Krüder

sos

Ketchup

mustard

Mostrich

mayones

Mayonnaise

pasar raya
Supermarkt

tawaran istimewa
Anbott
FOR
pelanggan
Kunn
tenusu
Melkprodukten
buah-buahan
Aaft
troli
Inkoopswagen

BUTCHERS

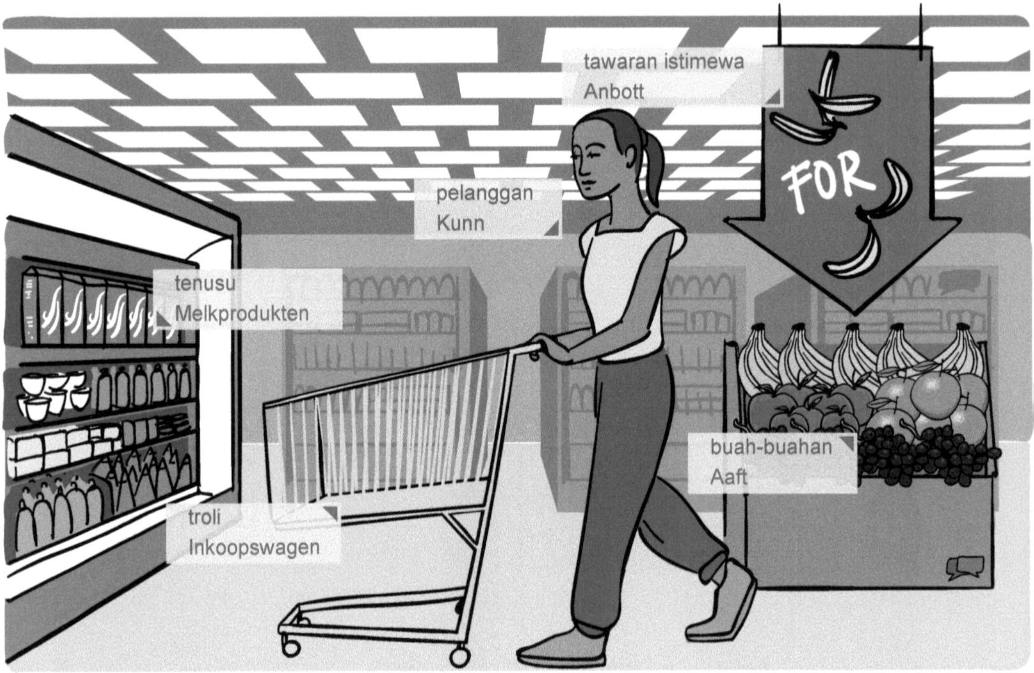

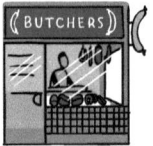

tukang daging

Slachterie

BAKERY

kedai roti

Bäckerie

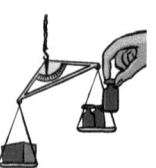

berat

wegen

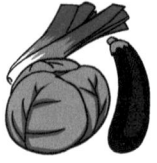

sayur-sayuran

Gröönsaken

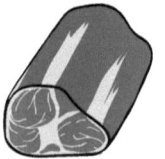

daging

Fleesch

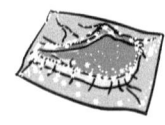

makanan sejuk beku

Deepköhlkost

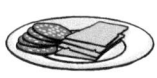

daging sejuk

Opsnitt

makanan dalam tin

Konserven

serbuk pencuci

Waschmiddel

gula-gula

Snoopkraam

produk isi rumah

Huushooltssaken

produk pembersihan

Reinmaaktüüch

orang jualan

Verköpersche

daftar tunai

Kass

juruwang

Kasserer

senarai membeli-belah

Inkoopslist

waktu pembukaan

Opsparrtieden

beg duit

Breeftasch

kad kredit

Kreditkoort

beg

Tasch

beg plastik

Plastiktüüt

air

Water

jus

Saft

susu

Melk

kola

Cola

wain

Wien

bir

Beer

alkohol

Spriet

koko

Kakao

the

Tee

kopi

Koffie

espreso

Espresso

kapucino

Cappucino

pisang

Banaan

epal

Appel

oren

Appelsien

tembikai

Meloon

lemon

Zitroon

lobak merah

Wöttel

bawang putih

Knuuvlook

buluh

Bambus

bawang

Zibbel

cendawan

Poggenstohl

kacang

Nööt

mi

Nudeln

spageti

Spaghetti

nasi

Ries

salad

Salat

kerepek

Pommes frites

kentang goreng

Braadkantüffeln

piza

Pizza

hamburger

Hamborger

sandwic

Sandwich

kutlet

Snitzel

ham

Schinken

salami

Salami

sosej

Wust

ayam

Hohn

panggang

Braden

ikan

Fisch

bubur oat

Haverflocken

muesli

Müsli

emping jagung

Cornflakes

tepung

Mehl

kroisan

Croissant

roti roll

Rundstück

roti

Broot

roti bakar

Toast

biskut

Keksen

mentega

Botter

dadih

Quark

kek

Koken

telur

Ei

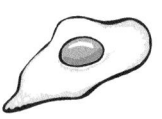

telur goreng

Spegelei

keju

Kees

ais krim

les

gula

Zucker

madu

Honnig

jem

Marmelaad

krim nougat

Nougat-Creme

kari

Curry

ladang
Buernhoff

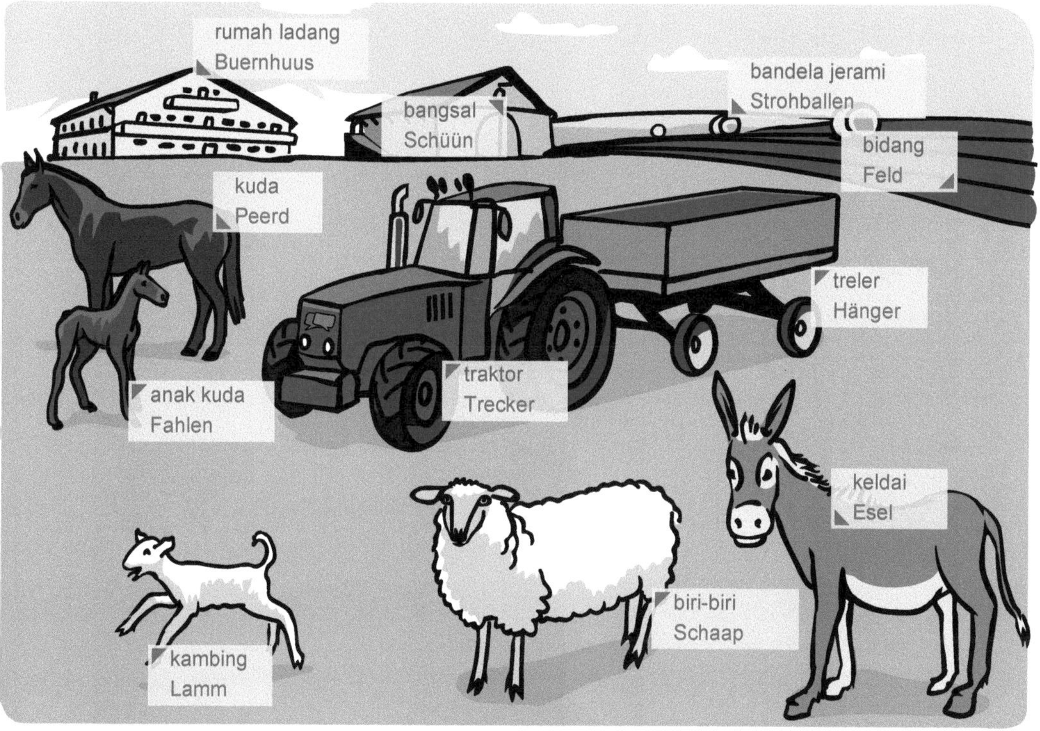
rumah ladang
Buernhuus
bandela jerami
Strohballen
bangsal
Schüün
bidang
Feld
kuda
Peerd
treler
Hänger
traktor
Trecker
anak kuda
Fahlen
keldai
Esel
biri-biri
Schaap
kambing
Lamm

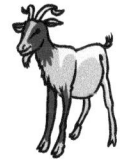

kambing
Zeeg

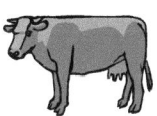

lembu
Koh

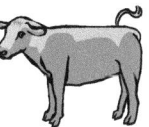

anak lembu
Kalf

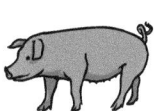

babi
Swien

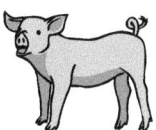

anak babi
Farken

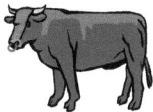

lembu
Bull

angsa

Goos

itik

Aant

anak ayam

Küken

ayam betina

Hohn

ayam jantan muda

Hahn

tikus

Rott

kucing

Katt

tikus

Muus

lembu jantan

Oss

anjing

Hund

rumah anjing

Hunnenhütt

hos taman

Goornslauch

bekas siraman

Geetkann

sabit

Lee

bajak

Ploog

sabit
Sich

cangkul
Hack

serampang peladang
Mestfork

kapak
Ext

kereta sorong
Schuufkoor

palung
Trog

tin susu
Melkkann

karung
Sack

pagar
Tuun

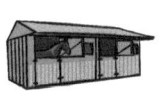

stabil
Stall

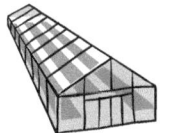

rumah hijau
Drievhuus

tanah
Bodden

benih
Saat

baja
Dünger

jentuai
Meihdöscher

tuai

oornen

menuai

Oorn

keladi

Yamswöttel

gandum

Weten

soya

Soja

kentang

Kantüffel

jagung

Törksche Weten

biji sawi

Rapp

pokok buah-buahan

Aaftboom

ubi kayu

Troopsch Kantüffel

bijirin

Koorn

rumah
Huus

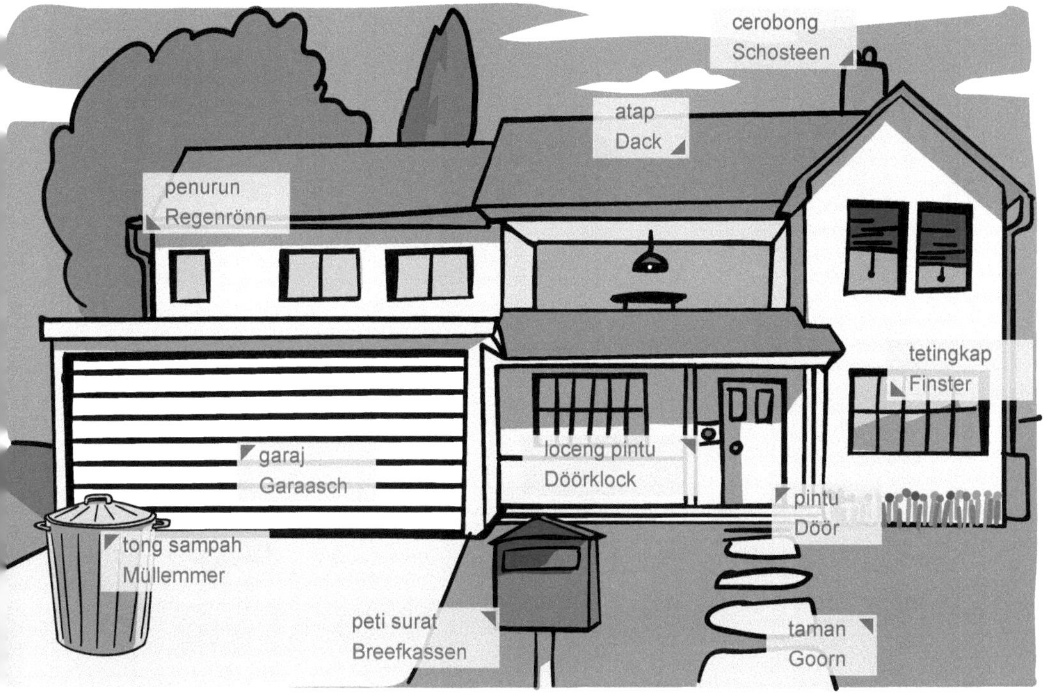
cerobong
Schosteen
atap
Dack
penurun
Regenrönn
tetingkap
Finster
garaj
Garaasch
loceng pintu
Döörklock
pintu
Döör
tong sampah
Müllemmer
peti surat
Breefkassen
taman
Goorn

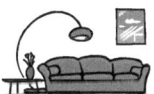

ruang tamu

Wahnstuuv

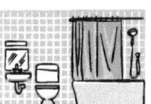

bilik air

Baadstuuv

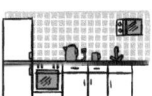

dapur

Köök

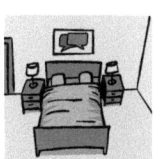

bilik tidur

Slaapstuuv

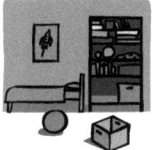

bilik kanak-kanak

Kinnerstuuv

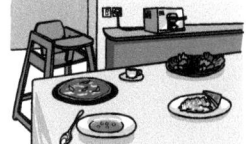

ruang makan

Eetstuuv

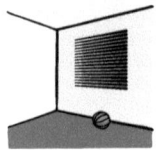

lantai

Footbodden

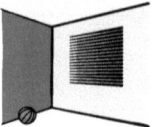

dinding

Wand

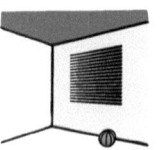

siling

Deek

bilik bawah tanah

Keller

sauna

Hittluftbad

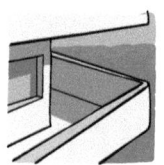

balkoni

Balkon

teres

Terrass

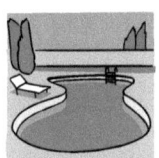

kolam renang

Swümmbad

pemotong rumput

Rasenmeiher

lembaran

Bettbetog

penutup tilam

Bettdeek

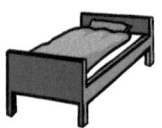

katil

Puuch

penyapu

Bessen

timba

Emmer

suis

Schalter

ruang tamu
Wahnstuuv

kertas dinding
Tapeet
gambar
Bild
lampu
Lamp
rak
Regal
kabinet
Schapp
televisyen
Kiekkassen
pendiangan
Kamin
bunga
Bloom
kusyen
Küssen
sofa
Sofa
pasu
Vaas
alat kawalan jauh
Feernbedenen

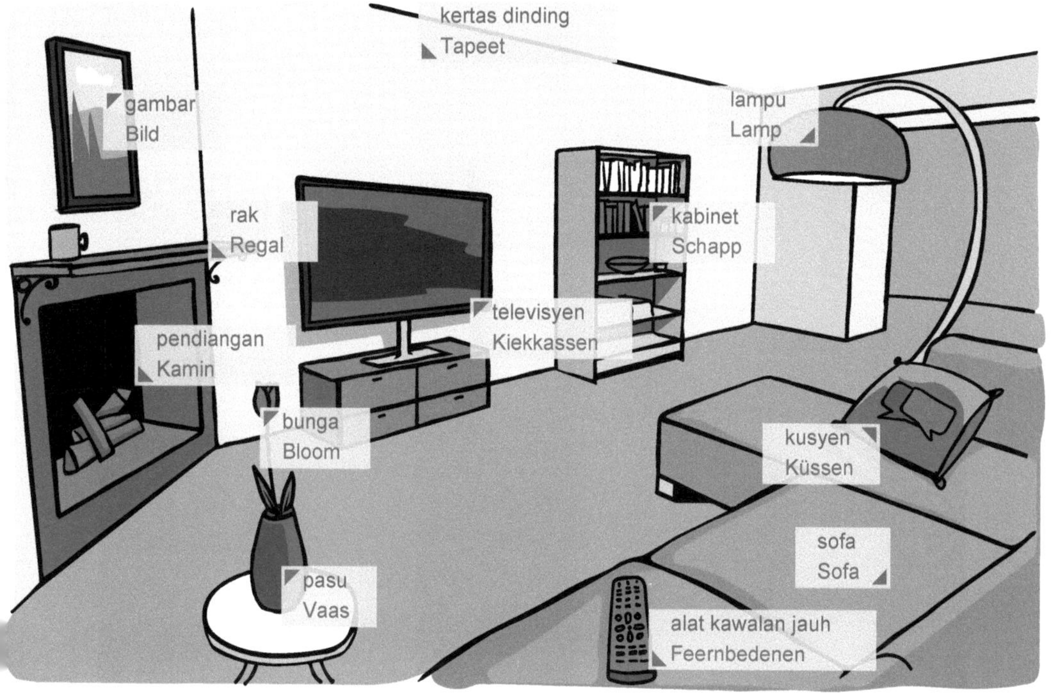

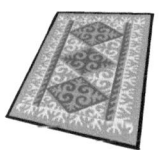

permaidani

Teppich

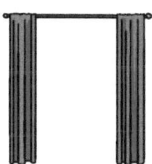

tirai

Vörhang

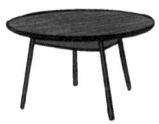

meja

Disch

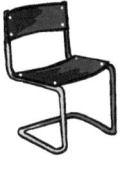

kerusi

Stohl

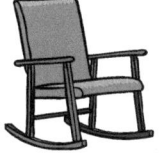

kerusi malas

Schuckelstohl

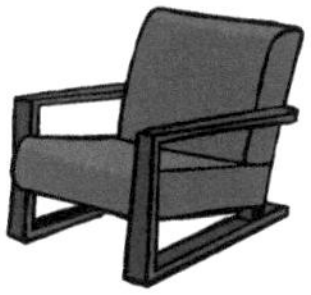

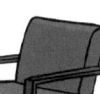

kerusi

Sessel

buku

Book

selimut

Deek

hiasan

Dekoratschoon

kayu api

Füerholt

filem

Film

hi-fi

Stereoanlaag

kunci

Slötel

akhbar

Narichtenblatt

lukisan

Gemälde

poster

Poster

radio

Radio

buku catatan

Opschrievblock

penyedut habuk

Huulbessen

kaktus

Kaktus

lilin

Kars

dapur
Köök

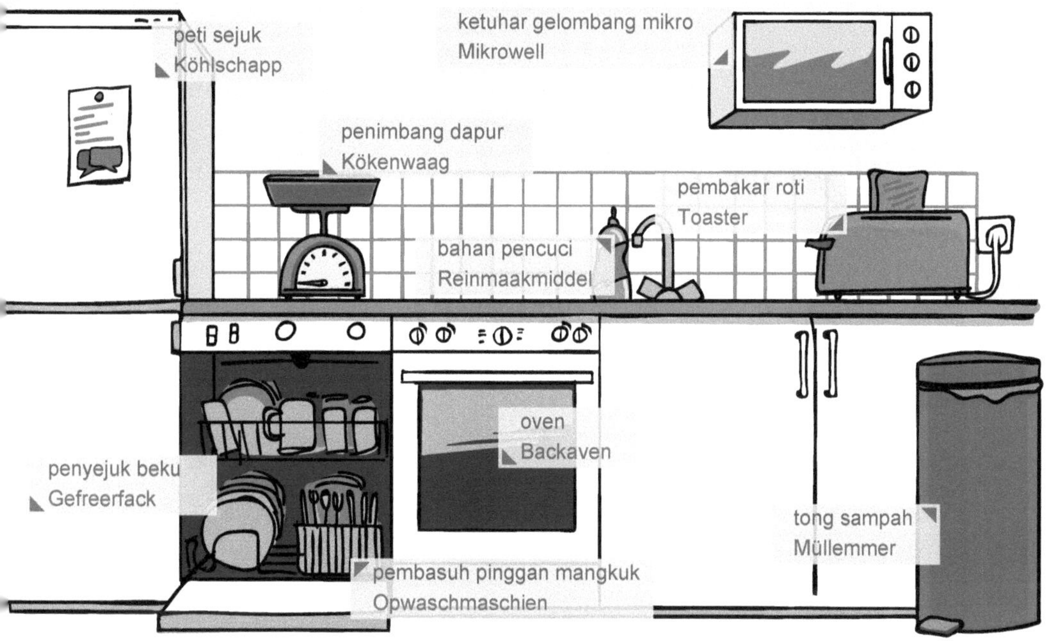

peti sejuk
Köhlschapp
ketuhar gelombang mikro
Mikrowell
penimbang dapur
Kökenwaag
pembakar roti
Toaster
bahan pencuci
Reinmaakmiddel
oven
Backaven
penyejuk beku
Gefreerfack
tong sampah
Müllemmer
pembasuh pinggan mangkuk
Opwaschmaschien

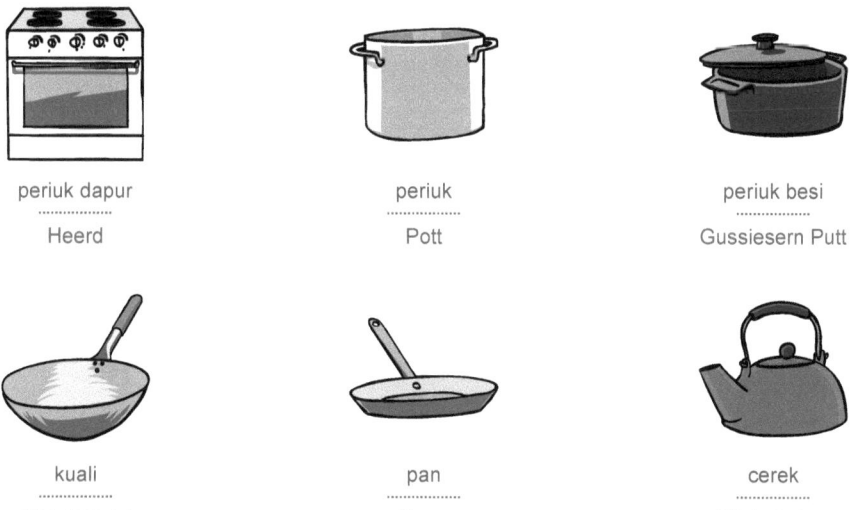

periuk dapur

Heerd

periuk

Pott

periuk besi

Gussiesern Putt

kuali

Wok / Kadai

pan

Pann

cerek

Waterkaker

pengukus

Dampkaakputt

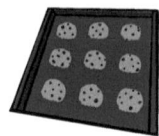

dulang pembakar

Backblick

pinggan mangkuk

Geschirr

koleh

Beker

mangkuk

Schaal

penyepit

Eetsticken

senduk

Suppenkell

spatula

Pannenwenner

pengadun

Sneebessen

penapis

Kaakseef

ayak

Seef

pemarut

Riev

mortar

Mörser

barbeku

Grill

pembakaran terbuka

Füerstell

papan pencincang

Sniedbrett

pin golekan

Nudelholt

skru gabus

Proppentrecker

tin

Doos

pembuka tin

Dosenaapner

pemegang periuk

Pottlappen

sinki

Waschbecken

berus

Böst

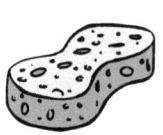

span

Swamm

pengisar

Mixer

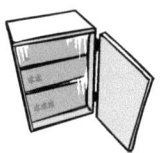

penyejuk beku

lesschapp

botol bayi

Nuckelbuddel

paip

Waterhahn

bilik air

Baadstuuv

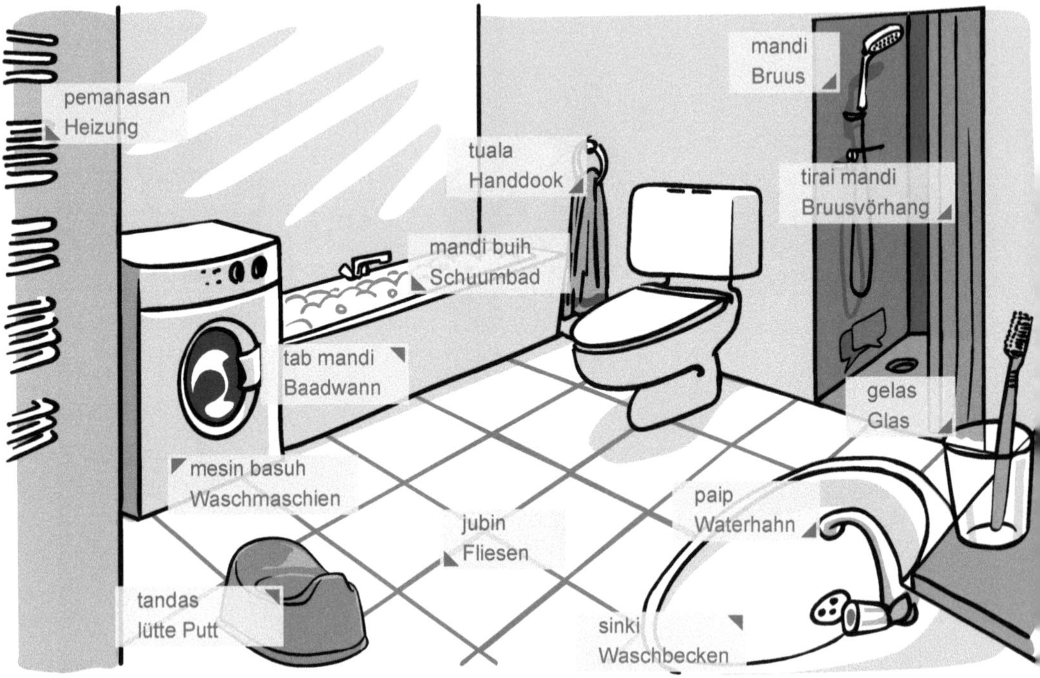

mandi
Bruus
pemanasan
Heizung
tuala
Handdook
tirai mandi
Bruusvörhang
mandi buih
Schuumbad
tab mandi
Baadwann
gelas
Glas
mesin basuh
Waschmaschien
paip
Waterhahn
jubin
Fliesen
tandas
lütte Putt
sinki
Waschbecken

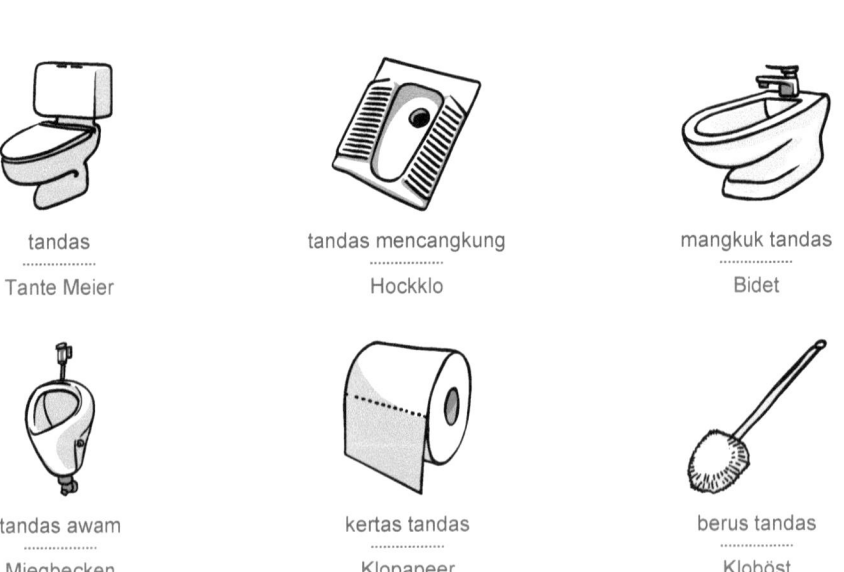

tandas

Tante Meier

tandas mencangkung

Hockklo

mangkuk tandas

Bidet

tandas awam

Miegbecken

kertas tandas

Klopapeer

berus tandas

Kloböst

		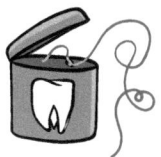
berus gigi	ubat gigi	flos gigi
Tähnböst	Tähnpast	Tähnsied
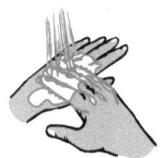		
cuci	mandian tangan	pancuran
waschen	Handbruus	Intimbruus

besen	belakang berus	sabun
Waschschöttel	Rüchböst	Seep

gel mandian	syampu	flanel
Bruusgeel	Hoorwaschmiddel	Waschlappen

longkang	krim	deodoran
Afloop	Creme	Deodorant

cermin

Spegel

cermin tangan

Kosmetikspegel

pisau cukur

Raserer

busa cukur

Raseerschuum

selepas cukur

Raseerwater

sikat

Kamm

berus

Böst

pengering rambut

Hoordröger

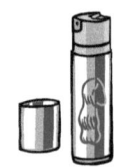

semburan rambut

Hoorspray

mekap

Smink

gincu

Lippensticken

varnis kuku

Nagellack

bulu kapas

Watt

gunting kuku

Nagelscheer

pewangi

Rüükwater

beg basuhan

Kulturbüdel

bangku

Schemel

skala berat

Waag

jubah mandi

Baadmantel

sarung tangan getah

Gummihanschen

kapas

Tampon

tuala wanita

Damenbinn

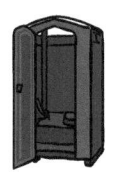

tandas kimia

Chemieklo

bilik kanak-kanak
Kinnerstuuv

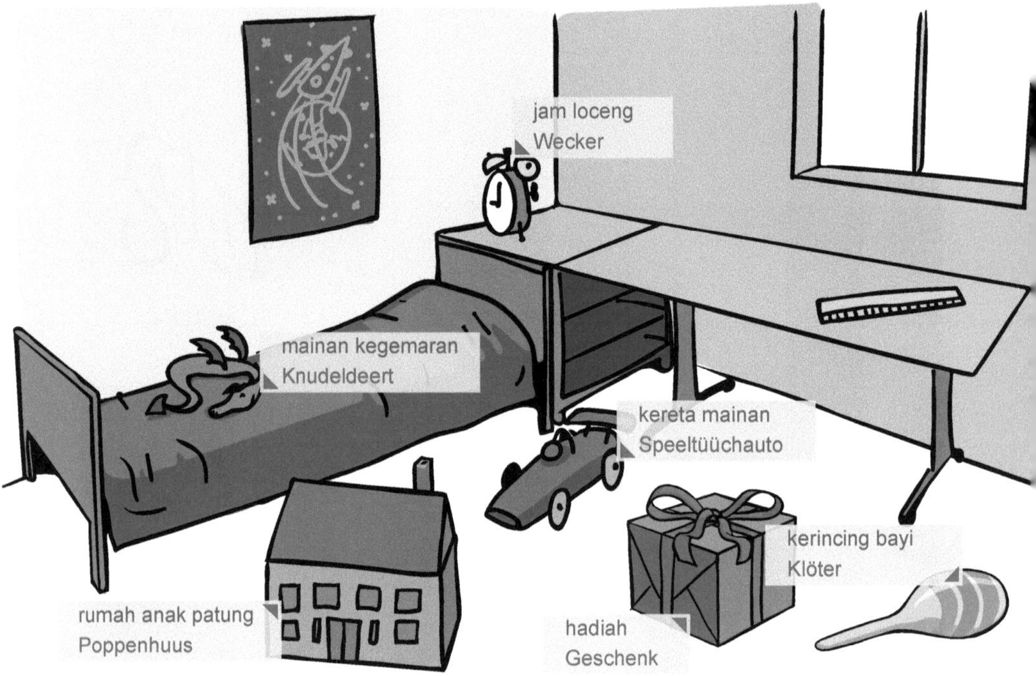

jam loceng
Wecker
mainan kegemaran
Knudeldeert
kereta mainan
Speeltüüchauto
kerincing bayi
Klöter
rumah anak patung
Poppenhuus
hadiah
Geschenk

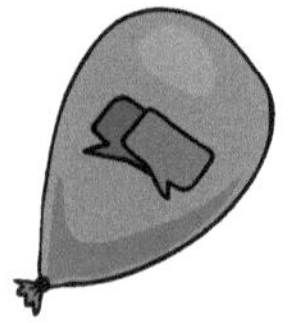

belon
Luftballon

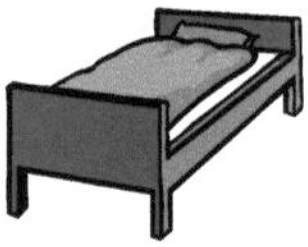

katil
Puuch

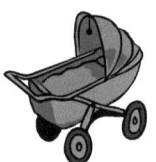

kereta sorong bayi
Kinnerwagen

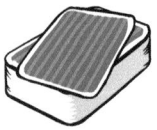

set kad
Koortenspeel

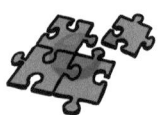

susun suai gambar
Puzzle

komik
Billergeschicht

batu bata lego

Legostenen

blok mainan

Bustenen

figura aksi

Action-Figur

baju bayi

Strampelantog

frisbee

Frisbeeschiev

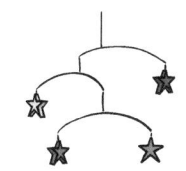

mainan bayi mudah alih

Mobile

permainan papan

Brettspeel

dadu

Wörpel

set model kereta api

Modelliesenbahn

palsu

Snuller

parti

Party

buku bergambar

Billerbook

bola

Ball

anak patung

Popp

main

spelen

lubang pasir

Sandkassen

buai

Schuckel

mainan

Speeltüüch

konsol permainan video

Speelkonsool

basikal roda tiga

Dreerad

anak patung beruang

Teddyboor

almari pakaian

Klederschapp

pakaian

Tüüch

stoking

Socken

stoking

Strümp

ketat

Strumpbüx

skarf
Halsdook

…g/keselamatan

payung
Paraplü

kemeja-t
T-Shirt

but
Stevel

selipar
Puuschen

kasut sukan
Turnschoh

sandal
....
Sandalen

kasut
....
Schoh

but getah
....
Gummistevel

seluar dalam
....
Ünnerbüx

coli
....
Bostholler

ves
....
Ünnerhemd

pakaian - Tüüch

45

badan

Lief

Seluar panjang

Büx

jean

Jeansnüx

skirt

Rock

blaus

Bluus

kemeja

Hemd

baju panas sarung

Pullover

sweater

Kapuzenpullover

blazer

Blazer

jaket

Jack

kot

Mantel

baju hujan

Övertrecker

kostum

Kostüm

pakaian

Kleed

baju pengantin

Hochtietskleed

sut
Antog

baju tidur
Nachtkleed

baju tidur
Slaapantog

sari
Sari

skarf kepala
Koppdook

serban
Turban

burqa
Burka

kaftan
Kaftan

abaya/jubah
Abaya

baju renang
Baadantog

seluar renang
Baadbüx

seluar pendek
Korte Büx

sut balapan
Antog to'n Öven

apron
Schört

sarung tangan
Handschoh

butang

Knopp

cermin mata

Brill

gelang tangan

Armband

rantai leher

Halskeed

cincin

Ring

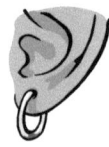

subang

Ohrbummel

topi

Mütz

penyangkut kot

Klederbögel

topi

Hoot

tali leher

Binner

zip

Rietslüter

topi keledar

Helm

pendakap

Drachtband

uniform sekolah

Schooluniform

seragam

Uniform

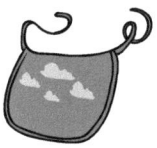

lapik dada

Severböten

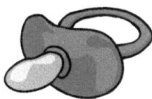

palsu

Snuller

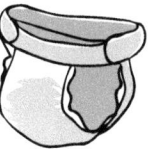

lampin

Winnel

pejabat

Büro

pelayan
Server
kabinet fail
Aktenschapp
kertas
Papeer
mesin pencetak
Drucker
monitor
Bildschirm
meja
Schrievdisch
tetikus
Muus
folder
Orner
papan kekunci
Knoopboord
bakul sampah
Papeerkorf
komputer
Computer
kerusi
Stohl

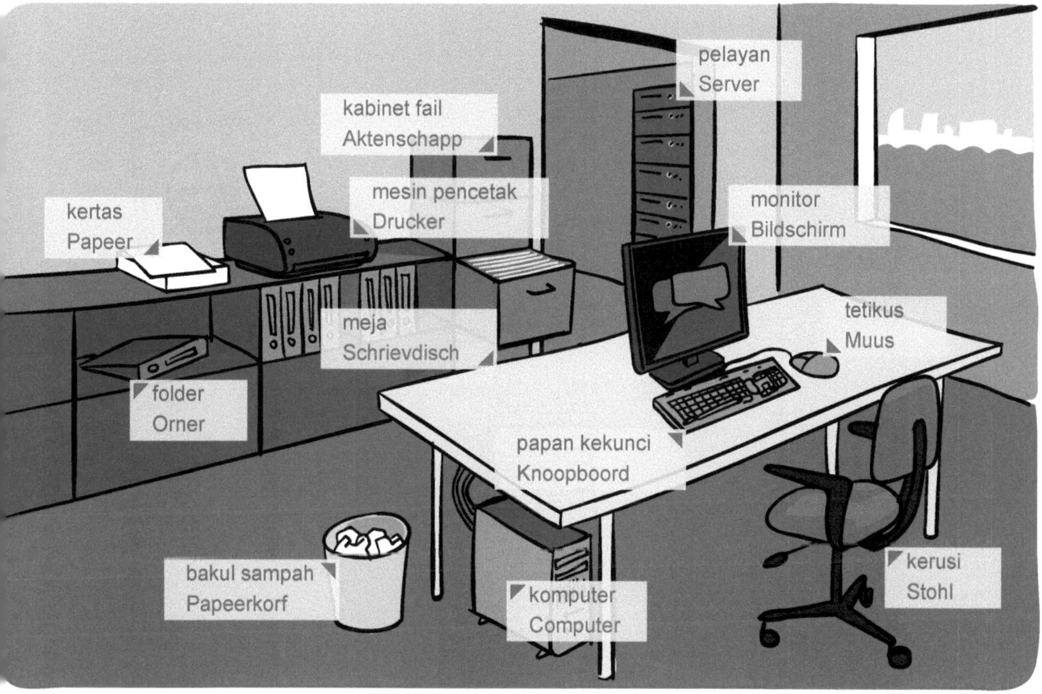

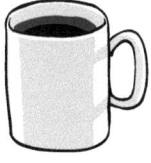

cawan kopi

Koffiebeker

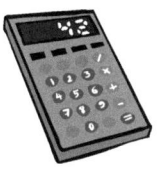

kalkulator

Taschenreekner

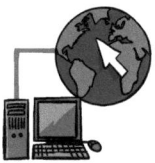

internet

Internet

komputer riba

Klappreekner

surat

Breef

mesej

Naricht

mudah alih

Ackersnacker

rangkaian

Nettwark

mesin fotokopi

Kopeerapparat

perisian

Software

telefon

Klöönkassen

soket plag

Steekdoos

mesin faks

Faxapparat

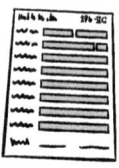

bentuk

Formulor

dokumen

Dokument

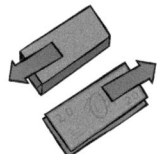

beli

köpen

bayar

betahlen

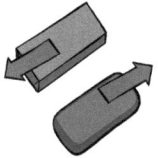

berdagang

hanneln

wang

Geld

dolar

Dollar

euro

Euro

yen

Yen

rubel

Ruvel

franc swiss

Swiezer Franken

renminbi yuan

Renminbi Yuan

rupee

Rupie

mata tunai

Geldautomat

pejabat tukaran mata wang

Wesselstuuv

emas

Gold

perak

Sülver

minyak

Ööl

tenaga

Energie

harga

Pries

kontrak

Verdrag

cukai

Stüer

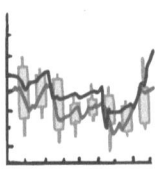

stok

Andeelschien

kerja

arbeiden

pekerja

Anstellte

majikan

Arbeitgever

kilang

Fabrik

kedai

Hökerie

pegawai polis
Wachtmeester

ahli bomba
Füerwehrmann

tukang masak
Kock

doktor
Dokter

juruterbang
Fleger

tukang kebun

Goorner

tukang kayu

Discher

tukang jahit

Neihersche

hakim

Richter

ahli kimia

Chemiker

pelakon

Schauspeler

pemandu bas

Busfohrer

pemandu teksi

Taxifohrer

nelayan

Fischer

wanita pencuci

Reinmaakfru

kasau

Dackdecker

pelayan

Kellner

pemburu

Jäger

pelukis

Maler

bakeri

Bäcker

juruelektrik

Elektriker

pembangun

Buarbeider

jurutera

Ingenieur

penjual daging

Slachter

tukang paip

Klempner

posmen

Postbüdel

askar

Suldat

arkitek

Architekt

juruwang

Kasserer

kedai bunga

Florist

pendandan rambut

Putzbüdel

konduktor

Schaffner

mekanik

Mechaniker

kapten

Kaptein

doktor gigi

Tähndokter

ahli sains

Wetenschopler

tuhanku

Rabbi

imam

Imam

sami

Mönk

paderi

Paap

alat
Warktüüch

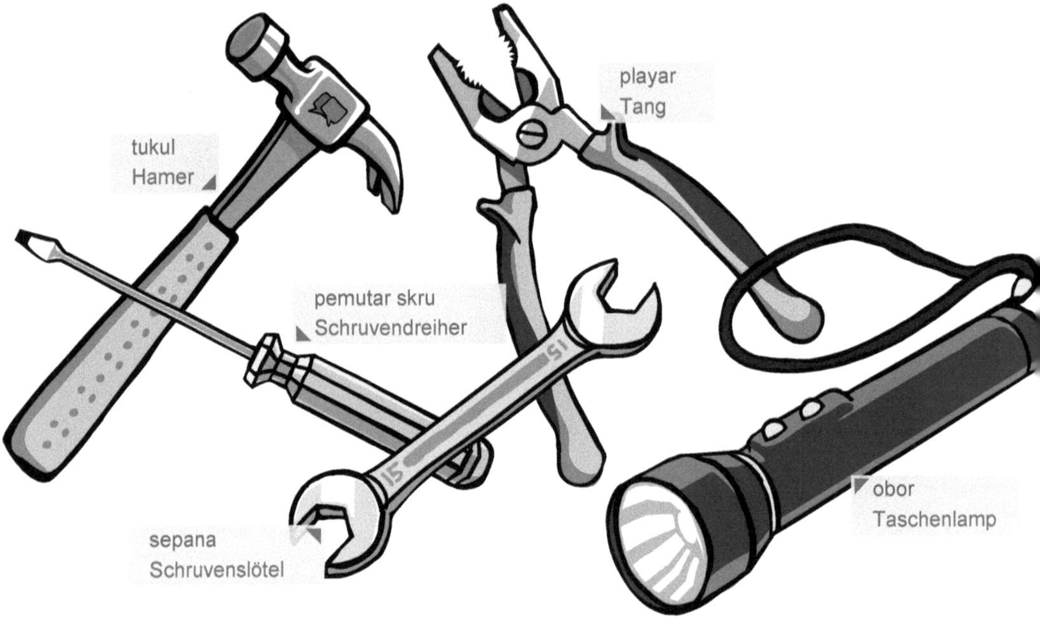

tukul
Hamer
playar
Tang
pemutar skru
Schruvendreiher
sepana
Schruvenslötel
obor
Taschenlamp

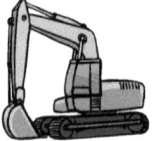

pengorek

Grieper

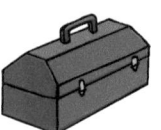

kotak peralatan

Warktüüchkassen

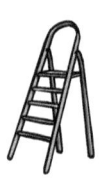

tangga

Ledder

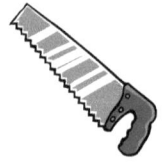

gergaji

Saag

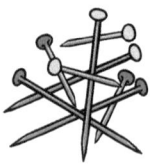

kuku

Nagels

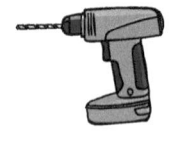

gerudi

Bohrer

baiki

heelmaken

penyodok

Schüffel

Celaka!

Schiet!

penadah sampah

Kehrblick

periuk cat

Farvpott

skru

Schruven

alat muzik
Musikinstrumenten

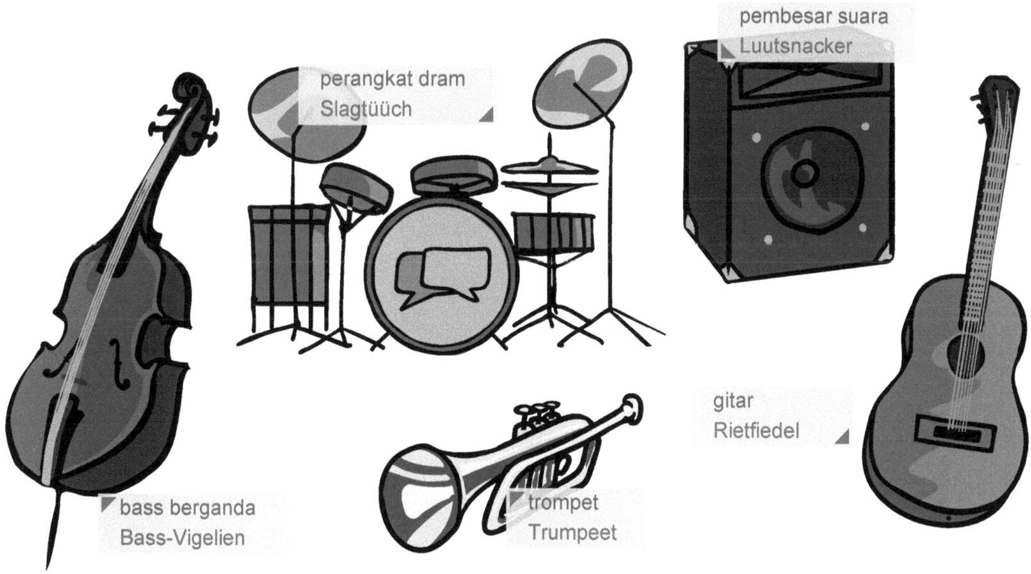

perangkat dram
Slagtüüch

pembesar suara
Luutsnacker

bass berganda
Bass-Vigelien

trompet
Trumpeet

gitar
Rietfiedel

piano

Klaveer

biola

Vigelien

bass

Bass

timpani

Pauk

dram

Trummeln

papan kekunci

Keyboard

saksofon

Saxophon

seruling

Fleut

mikrofon

Mikrofoon

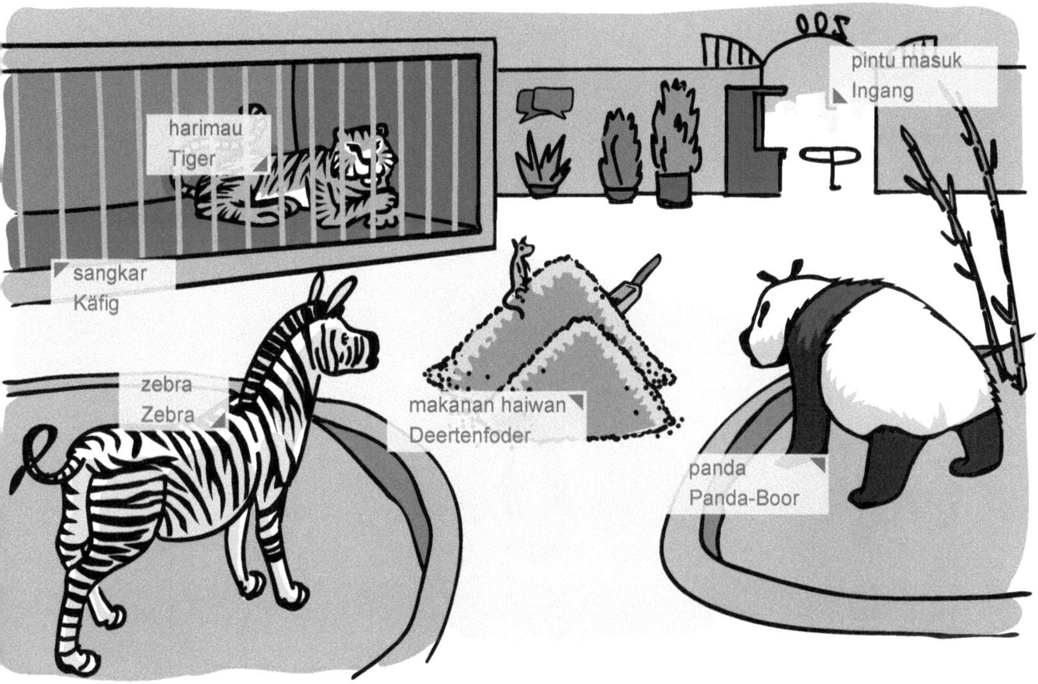

harimau
Tiger

pintu masuk
Ingang

sangkar
Käfig

zebra
Zebra

makanan haiwan
Deertenfoder

panda
Panda-Boor

haiwan

Deerten

gajah

Elefant

kanggaru

Känguru

badak sumbu

Neeshoorn

gorila

Gorilla

beruang

Boor

unta

Kameel

burung unta

Struuß

singa

Lööv

monyet

Aap

flamingo

Flamingo

nuri

Papagoi

beruang kutub

Iesboor

penguin

Pinguin

yu

Haifisch

merak

Pageluun

ular

Slang

buaya

Krokodil

penjaga zoo

Oppasser in'n Deertenpark

anjing laut

Saalhund

jaguar

Jaguor

kuda
....
Pony

harimau
....
Leopard

badak air
....
Nilpeerd

zirafah
....
Giraff

helang
....
Aadler

babi jantan
....
Wildswien

ikan
....
Fisch

penyu
....
Schildkrööt

anjing laut
....
Walross

musang
....
Voss

rusa
....
Gazell

bola sepak Amerika
Amerikaansch Football

berbasikal
Radfohren

tenis
Tennis

bola keranjang
Korfball

renang
Swümmen

tinju
Boxen

hoki ais
Ieshockey

bola sepak
Football

badminton
Fedderball

olahraga
Leichtathletik

bola baling
Handball

ski
Skilopen

polo
Polo

aktiviti
Aktivitäten

ketawa
lachen
lompat
springen
peluk
ümarmen
berjalan
gahn
menyanyi
singen
mimpi
drömen
berdoa
beden
cium
snuteln

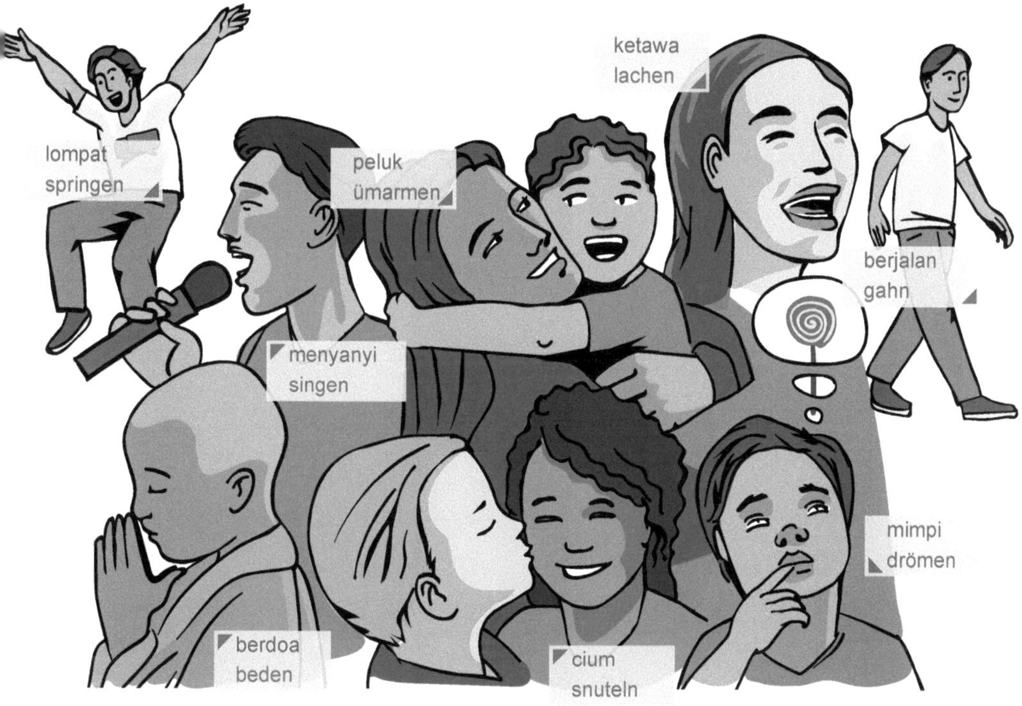

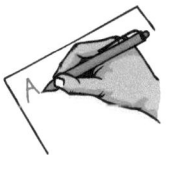

tulis

schrieven

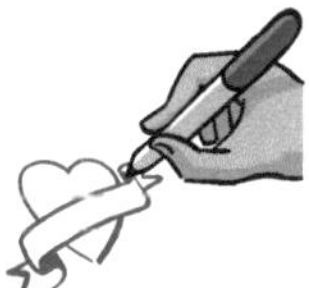

lukis

teken

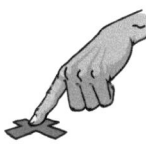

tunjuk

wiesen

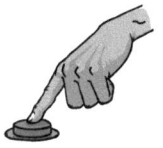

tolak

drücken

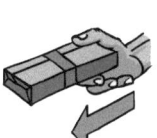

beri

geven

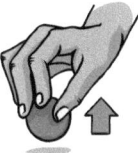

ambil

nehmen

ada
hebben

buat
doon

ialah
sien

berdiri
stahn

lari
lopen

tarik
trecken

buang
smieten

jatuh
fallen

tipu
liggen

tunggu
töven

bawa
dregen

duduk
sitten

pakai
antrecken

tidur
slapen

bangkit
opwaken

lihat pada

ankieken

menangis

wenen

strok

eien

sikat

kämmen

cakap

snacken

faham

verstahn

tanya

fragen

dengar

hören

minum

drinken

makan

eten

mengemas

oprümen

sayang

leefhebben

masak

kaken

pandu

fohren

terbang

flegen

aktiviti - Aktivitäten

belayar

segeln

kira

reken

baca

lesen

belajar

lehren

kerja

arbeiden

nikah

de Plünnen tohoopsmieten

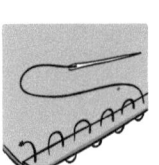

jahit

neihen

memberus gigi

Tähnen putzen

bunuh

dootmaken

asap

smöken

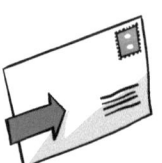

hantar

schicken

nenek
Grootmoder

datuk
Grootvadder

bapa
Vadder

ibu
Moder

bayi
Winnelkind

anak perempuan
Dochter

anak lelaki
Söhn

tetamu

Gast

mak cik

Tant

pak cik

Unkel

abang

Broder

kakak

Süster

badan
Lief

dahi
Vörkopp
mata
Oog
bahu
Schuller
jari
Finger
muka
Gesicht
dagu
Kinn
tangan
Hand
kaki
Been
dada
Bost
lengan
Arm

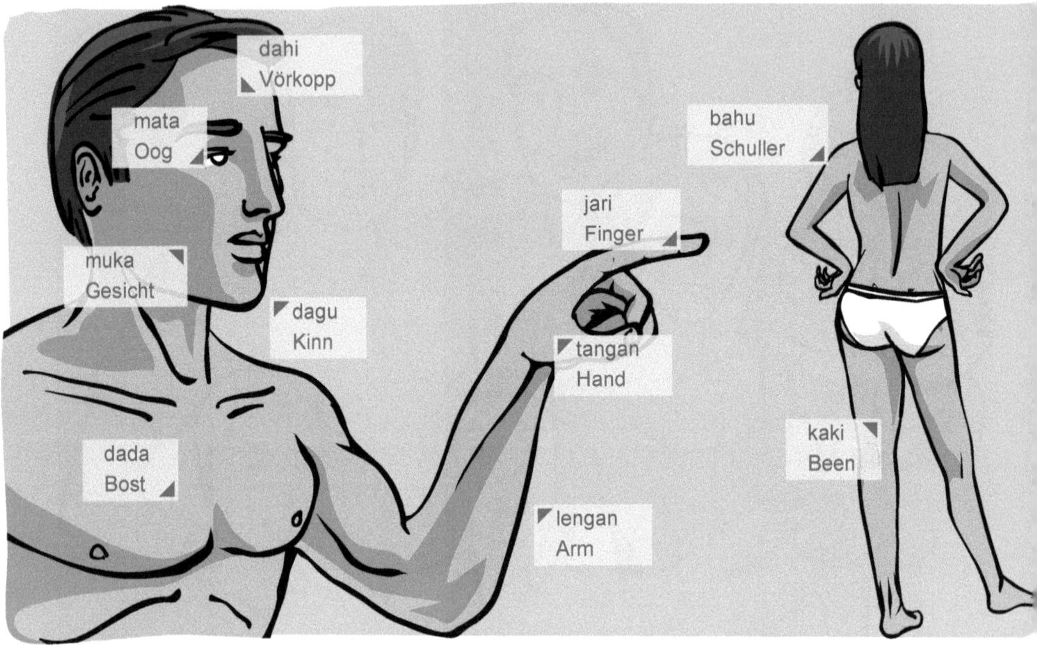

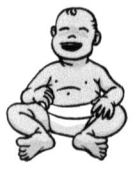

bayi
Winnelkind

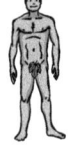

lelaki
Mann

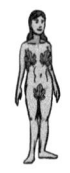

wanita
Fro

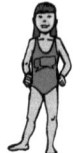

perempuan
Deern

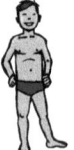

lelaki
Jung

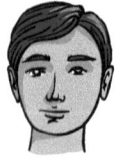

kepala
Arm

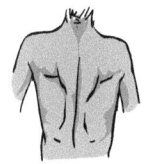

belakang
Rüch

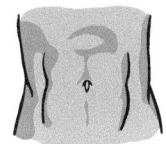

bawah perut
Buuk

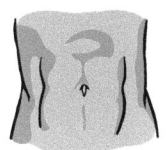

pusat
Navel

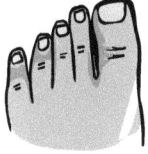

jari kaki
Teh

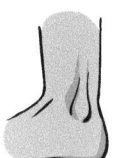

tumit
Hack

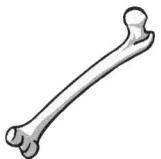

tulang
Knaken

pinggul
Hüft

lutut
Knee

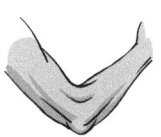

siku
Ellbagen

hidung
Nees

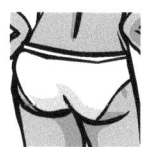

bawah
Achtersen

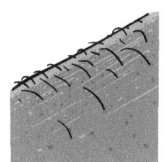

kulit
Huut

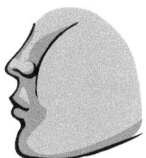

pipi
Back

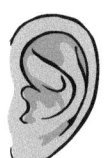

telinga
Ohr

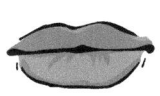

bibir
Lipp

mulut

Mund

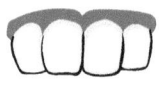

gigi

Tähn

lidah

Tung

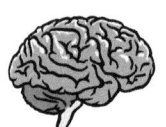

otak

Bregen

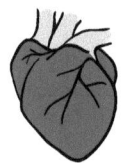

hati

Hart

otot

Muskel

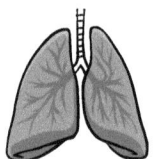

paru-paru

Lung

hati

Lever

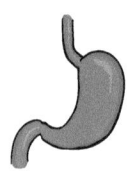

perut

Maag

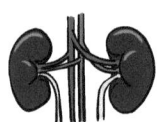

buah pinggang

Neren

seks

Bislaap

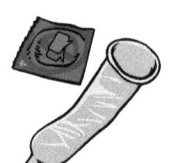

kondom

Kondoom

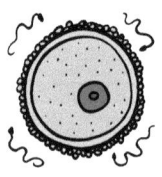

faraj

Eizell

mani

Sperma

mengandung

Anner Ümstänn

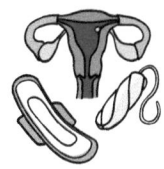

haid

Menstruatschoon

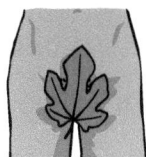

faraj

Scheed

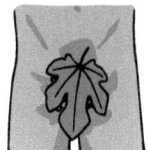

penis

Pint

kening

Ogenbroe

rambut

Hoor

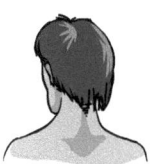

leher

Hals

hospital
Krankenhuus

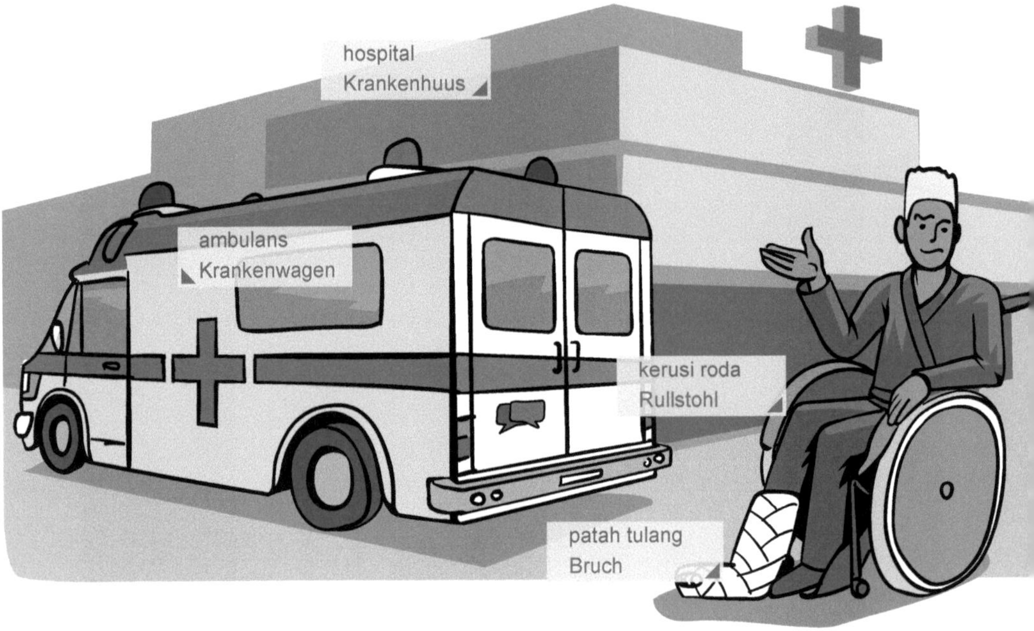

hospital
Krankenhuus
ambulans
Krankenwagen
kerusi roda
Rullstohl
patah tulang
Bruch

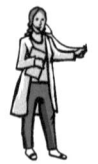

doktor

Dokter

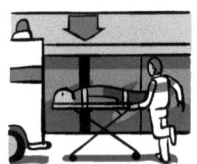

bilik kecemasan

Nootopnahm

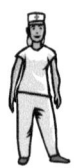

jururawat

Krankensüster

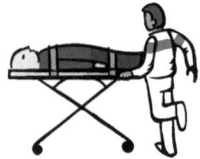

kecemasan

Nootfall

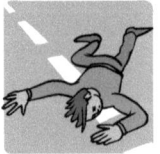

tak sedar

ahnmächtig

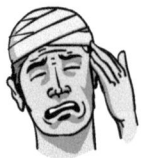

sakit

Wehdaag

kecederaan

Verwunnen

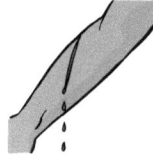

pendarahan

Blöden

serangan jantung

Hartinfarkt

strok

Slaganfall

alergi

Allergie

batuk

Hoosten

demam

Fever

selesema

Gripp

cirit-birit

Dörchfall

sakit kepala

Koppwehdaag

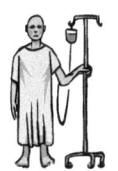

kanser

Kreeft

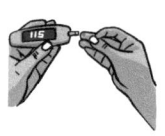

diabetes

Zuckersüük

pakar bedah

Chirurg

pisau bedah

Chirurgsch Mess

pembedahan

Operatschoon

CT
CT

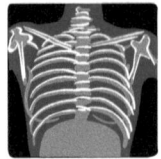

x-ray
Dörchlüchten

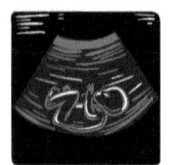

ultrabunyi
Ultraschall

topeng muka
Mask

penyakit
Krankheit

bilik menunggu
Töövruum

penongkat
Krück

plaster
Plaaster

pembalut
Verband

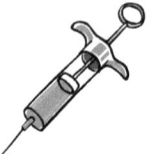

suntikan
Insprütten

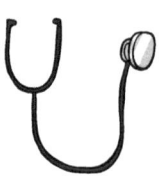

stetoskop
Stethoskop

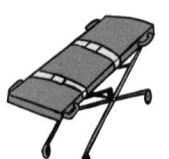

pengusung
Draag

termometer klinik
Feverthermometer

kelahiran
Geboort

berat badan berlebihan
Övergewicht

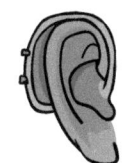

alat pendengaran

Höörapparat

disinfektan

Kiemfriemiddel

jangkitan

Ansteken

virus

Virus

HIV / AIDS

HIV / AIDS

perubatan

Heelmiddel

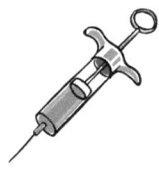

vaksinasi

Impen

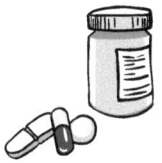

tablet

Tabletten

pil

Pill

panggilan kecemasan

Nootroop

pantau tekanan darah

Blootdruck-Meter

sakit / sihat

krank / gesund

Tolong!

Hölp!

penggera

Alarm

serang

Överfall

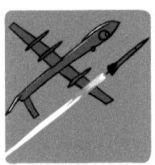

serangan

Angreep

bahaya

Gefohr

pintu kecemasan

Nootutgang

Api!

Füer!

alat pemadam api

Füerlöscher

kemalangan

Unfall

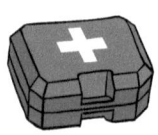

alat pertolongan cemas

Noothölpkoffer

SOS

SOS

polis

Polizei

Eropah

Europa

Amerika Utara

Noordamerika

Amerika Selatan

Süüdamerika

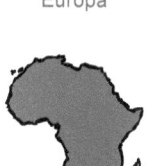

Afrika

Afrika

Asia

Asien

Australia

Australien

Atlantic

Atlantik

Pasifik

Pazifik

Lautan Hindi

Indisch Weltmeer

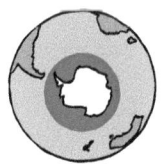

Lautan Antartik

Antarktisch Weltmeer

Lautan Artik

Arktisch Weltmeer

Kutub utara

Noordpol

Kutub Selatan

Süüdpol

Antartika

Antarktis

bumi

Eerd

tanah

Land

laut

See

pulau

Eiland

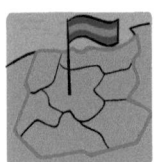

negara

Natschoon

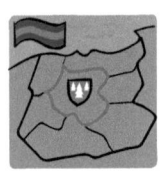

negeri

Staat

muka jam

Tallenblatt

tangan jam

Stunnenwieser

tangan minit

Minutenwieser

terpakai

Sekunnenwieser

Jam berapa sekarang

Wo laat is dat?

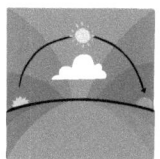

hari

Dag

masa

Tiet

sekarang

nu

jam digital

digetaalsch Klock

minit

Minuut

jam

Stunn

minggu
Week

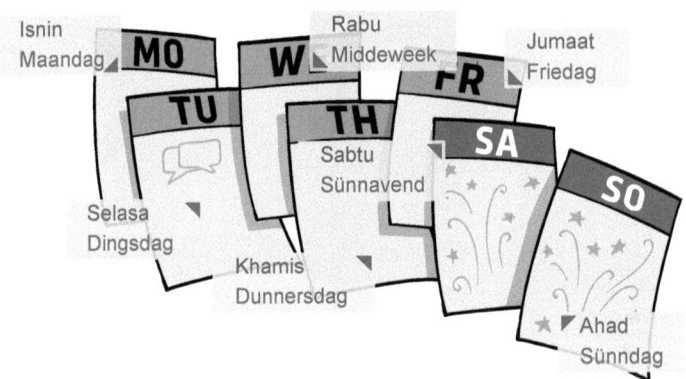

Isnin / Maandag — MO
Selasa / Dingsdag — TU
Rabu / Middeweek — W
Khamis / Dunnersdag — TH
Jumaat / Friedag — FR
Sabtu / Sünnavend — SA
Ahad / Sünndag — SO

semalam
....
güstern

hari ini
....
hüüt

esok
....
morgen

pagi
....
Morgen

tengah hari
....
Meddag

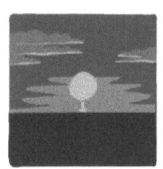

petang
....
Avend

MO	TU	WE	TH	FR	SA	SU
1	2	3	4	5	6	7
8	9	10	11	12	13	14
15	16	17	18	19	20	21
22	23	24	25	26	27	28
29	30	31	1	2	3	4

hari kerja
....
Arbeitsdaag

MO	TU	WE	TH	FR	SA	SU
1	2	3	4	5	6	7
8	9	10	11	12	13	14
15	16	17	18	19	20	21
22	23	24	25	26	27	28
29	30	31	1	2	3	4

hari minggu
....
Wekenenn

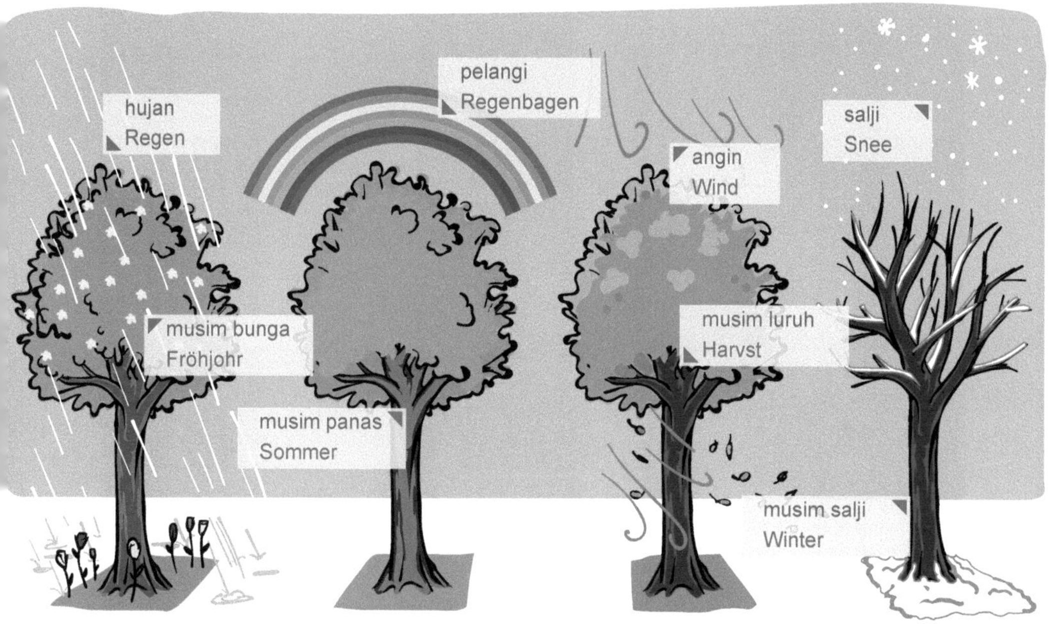

hujan
Regen
pelangi
Regenbagen
angin
Wind
salji
Snee
musim bunga
Fröhjohr
musim panas
Sommer
musim luruh
Harvst
musim salji
Winter

4.APRIL 11°
5.APRIL 4°
6.APRIL 13°
7.APRIL 8°
8.APRIL 10°

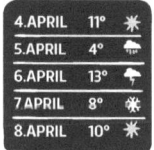

ramalan cuaca
Wedervörhersaag

F C
120 90 60 30 0 -30
40 30 20 10 0 -10 -20

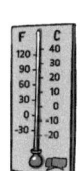

termometer
Thermometer

sinar matahari
Sünnenschien

awan
Wulk

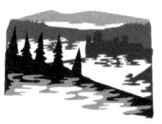

kabus
Nevel

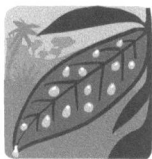

lembapan
Luftfuchtigkeit

kilat

Blitz

petir

Dunner

ribut

Storm

hujan batu

Hagel

monsun

Monsun

banjir

Floot

ais

Ies

Januari

Januormaand

Februari

Februormaand

Mac

Martmaand

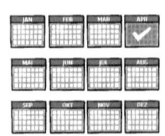

April

Aprilmaand

Mei

Maimaand

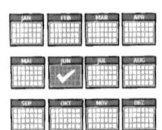

Jun

Junimaand

Julai

Julimaand

Ogos

Augustmaand

September
Septembermaand

Oktober
Oktobermaand

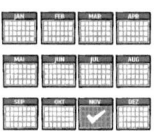

November
Novembermaand

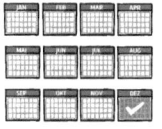

Disember
Dezembermaand

bentuk

Formen

bulatan
Krink

petak
Quadrat

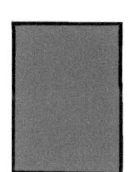

segi empat tepat
Rechteck

segitiga
Dreeeck

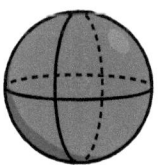

sfera
Kugel

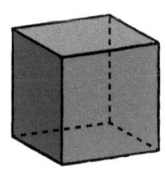

kiub
Wörpel

putih

witt

kuning

geel

oren

orangsch

merah jambu

pink

merah

root

ungu

lila

biru

blau

hijau

gröön

coklat

bruun

kelabu

gries

hitam

swart

banyak / sedikit

veel / wenig

marah / tenang

böös / verdreeglich

cantik / hodoh

smuck / mies

bermula / tamat

Begünn / Enn

besar kecil

groot / lütt

terang / gelap

hell / düüster

abang / kakak

Broder / Süster

bersih / kotor

schier / schietig

lengkap / tidak lengkap

kumpleet / nich kumpleet

hari / malam

Dag / Nacht

mati / hidup

doot / lebennig

luas / sempit

breet / small

boleh dimakan / tidak boleh dimakan

geneetbor / nich geneetbor

jahat / baik

böös / fründlich

teruja / bosan

fickerig / langwielt

gemuk / kurus

dick / dünn

pertama / terakhir

toeerst / toletzt

kawan / musuh

Fründ / Fiend

penuh / kosong

vull / leddig

keras / lembut

hart / week

berat / ringan

swoor / licht

lapar / dahaga

Smacht / Döst

sakit / sihat

krank / gesund

menyalahi undang-undang / undang-undang

nich na't Recht / na't Recht

pintar / bodoh

klook / dummerhaftig

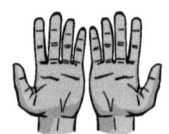

kiri / kanan

linkerhand / rechterhand

dekat / jauh

neeg / feern

baru / lama

nieg / bruukt

tiada / sesuatu

nix / wat

tua / muda

oolt / jung

hidup / mati

an / ut

terbuka / tertutup

apen / slaten

diam / bising

lies / luut

kaya / miskin

riek / arm

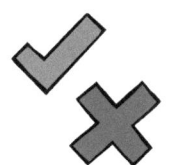

betul / salah

richtig / verkehrt

kasar / halus

ruug / glatt

sedih / gembira

trurig / glücklich

pendek / panjang

kort / lang

lambat / laju

suutje / flink

basah / kering

natt / dröög

panas / sejuk

warm / köhl

berperang / berdamai

Krieg / Freden

0

sifar

null

1

satu

een

2

dua

twee

3

tiga

dree

4

empat

veer

5

lima

fief

6

enam

söss

7

tujuh

söven

8

lapan

acht

9

sembilan

negen

10

sepuluh

teihn

11

sebelas

ölven

12

dua belas

twölf

13

tiga belas

dörteihn

14

empat belas

veerteihn

15

lima belas

föffteihn

16

enam belas

sössteihn

17

tujuh belas

söventeihn

18

lapan belas

achtteihn

19

Sembilan belas

negenteihn

20

dua puluh

twintig

100

ratus

hunnert

1.000

ribu

dusend

1.000.000

juta

million

Bahasa Inggeris

Engelsch

Bahasa Inggeris Amerika

Amerikaansch Engelsch

Bahasa Cina Mandarin

Chineesch Mandarin

Bahasa Hindi

Hindi

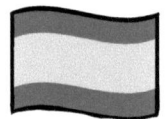

Bahasa Sepanyol

Spaansch

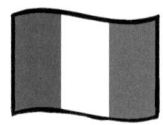

Bahasa Perancis

Franzöösch

Bahasa Arab

Araabsch

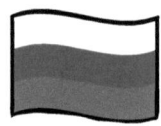

Bahasa Rusia

Rusch

Bahasa Portugis

Portugiesch

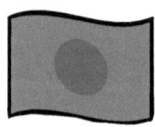

Bahasa Benggali

Bengaalsch

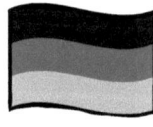

Bahasa Jerman

Düütsch

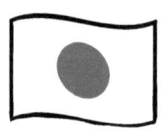

Bahasa Jepun

Japaansch

saya

ik

anda

du

dia / dia / ia

he / se / dat

kita

wi

anda

ji

mereka

se

siapa?

keen?

apa?

wat?

bagaimana?

woans?

di mana?

woneem?

bila?

wannehr?

nama

Naam

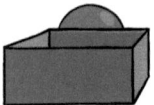

belakang

achter

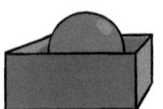

dalam

in

di hadapan

vör

lebih

över

pada

op

di bawah

ünner

bersebelahan

blangen

antara

twüschen

tempat

Oort